KOMM REIN!

Mein Kunstwerk ist fertig!

KOMM

zum Ankreuzen →

☐ IN EINER STUNDE
☐ SPÄTER
☐ NIE MEHR

WIEDER!!!

Bin gerade superkreativ!

STOP

Hier kannst du mal so richtig Dampf ablassen, wenn mal was nicht so richtig klappt!

Juchhu!

Kritzelst du auch so gerne wie ich? Früher hab ich immer gedacht, das wär genauso schwer wie Blockflötespielen oder Rosenkohlessen. Aber das stimmt gar nicht.

Seit ich mein erstes Tagebuch bekommen hab, kann ich gar nicht mehr aufhören, alles aufzuzeichnen! Es gibt aber auch so viel, was man kritzeln kann. Am liebsten male ich ja meine Familie und Freunde und kleine Tiere. Aber eigentlich kann man fast alles zeichnen. Sogar **Buchstaben** oder auch ganze Geschichten.

Zeichnen lernen kann wirklich jeder. Wenn du Lust hast, helf ich dir dabei, zum **KRITZELPROFI** zu werden.

Bist du bereit, dieses Buch richtig **BUNT** und kritzelig-schön zu machen? Vor jedem Kapitel verrat ich dir, was du so für Werkzeug für die einzelnen Übungen brauchst.

Bei manchen Zeichnungen helfe ich dir auch mit ein bisschen Zubehör. Überall, wo du diesen Pfeil **ZUBEHÖR** siehst, kannst du die Elemente im Kasten abzeichnen und dein Gemälde damit verzieren. Oder du paust die Elemente durch (z.B. auf Transparentpapier), schneidest sie aus und klebst sie in deine Zeichnung. Natürlich kannst du aber auch dein eigenes Zubehör erfinden.

Ich bin gespannt auf deine Zeichnungen!

Nun aber erst mal ganz viel Spaß!

 Deine **LOTTA**

INHALTSVERZEICHNIS

Hier kannst du ankreuzen, was du schon geschafft hast.

Haha!

Hier kannst du ankreuzen, was du schon geschafft hast.

← Kaninchenmuster zum Weitermalen.

4

KANINCHENHÜPFER

Figuren und Gesichter

In mein Tagebuch zeichne ich am liebsten Bilder von mir, meinen Freunden und meiner Familie. Und natürlich von unseren Tieren. Damit man Personen gut unterscheiden kann, sind vor allem die Gesichter wichtig und die Gesichtsausdrücke. Manche von meinen Freunden können echt komisch gucken. Natürlich unterscheiden sich aber auch die Körper von Figuren.

Am leichtesten ist es, wenn man das alles Schritt für Schritt zeichnet und zeigt, wie besonders all die Personen sind (besonders lustig, besonders hochnäsig, besonders hübsch). Wie das geht, zeig ich dir auf den nächsten Seiten. Wenn du magst, benutz doch auch die Sachen in den Zubehörkästen. Mit manchen Frisuren oder Brillen sehen die Leute dann sogar noch komischer aus als in echt ... Probier's mal aus!

WERKZEUGE IN DIESEM KAPITEL:

- Stifte (Bleistift, Filzstifte, Feinliner, Buntstifte ...)
- Pinsel
- Wasserfarben, Acrylfarben
- Schere
- Alleskleber
- Transparentpapier oder dünnes Druckerpapier (80 g)

FARBE

KLEBSTOFF

LOTTA IN 9 SCHRITTEN

Los geht's! Hier unten siehst du, wie du mich in 9 Schritten zeichnest und rechts ist ein Blatt für dich frei zum Ausprobieren.

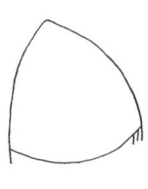

CHEYENNE IN 9 SCHRITTEN

Boah!

Guck mal, so malt man Cheyenne in 9 Schritten. Probier es doch auch gleich mal aus. Da drüben ist ein ganzes Blatt frei zum Üben.

8

GESICHTSAUSDRÜCKE

Mann, wenn man so ein aufregendes Leben hat wie Lotta, dann kann man echt nicht immer freundlich gucken. Gut, dass sie für jeden Moment den richtigen Gesichtsausdruck hat:

neutral

lachend

aufgeregt

mulmig

ups

stinkig

erschrocken

traurig

hmpf

10

neutral

lachend

aufgeregt

mulmig

ups

stinkig

erschrocken

traurig

hmpf

Jetzt bist du dran. Wie siehst du aus, wenn du lachst oder traurig bist? Guck dabei in den Spiegel. Dann kannst du deinen Gesichtsausdruck gut abmalen und hier ergänzen. Na klar darfst du auch noch deine eigene Frisur dazuzeichnen.

GRIMASSENGALERIE

Nasenbärbohrer

wildes Schwein

schlitzäugiger Hase

Kugelfisch

einäugiger Hund

depperter Tiger

spitzige Knutschmaus

schielender Zombie

halb blindes Monster

Lotta, Rémi und ich sind echt voll die **GRIMASSENPROFIS.** Du auch? Zeichne doch mal deine besten Grimassen auf der rechten Seite!

hihihi

13

KOPFDEKORATION

Boah ey! Der Mann auf dem Plakat sieht aber langweilig aus. Magst du den mal ein bisschen hübsch machen? Mit Haaren, Brillen oder Masken? Dann hat der auch mal was zu lachen.

ZUBEHÖR

15

GEMÜSEGESICHTER

Meine Oma Ingrid sagt ja immer, jeder sieht im Gesicht ein bisschen aus wie Gemüse. Ich hab mir die Leute mal angeguckt und es stimmt. Manche sehen aus wie Birnen, andere wie Tomaten. Bestimmt kennst du auch so jemanden? Vielleicht sogar einen mit Gürkchenkopf wie meinen Papa?

Bärte

Brillen

Nasen

Frisuren

Augen

Münder

ZUBEHÖR
Damit kannst du die Gesichter auf der rechten Seite noch ergänzen.

Gürkchen

Birne

Tomate

~~Oberschine~~ Aubergine

Erdnuss

Radieschen

Kürbis

Orange

Zitrone

Ananas

Erdbeere

Zwiebel

KÖRPER VON VORNE

Hier sind ein paar Gesichter für dich. Magst du die fertig malen und dann mit den Körperformen von der rechten Seite ergänzen? Entweder du zeichnest die Gesichter direkt auf diese Seite oder du paust sie durch und klebst sie ein. Welcher Körper passt am besten zu welcher Gesichtsform? Was meinst du?

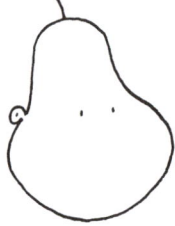

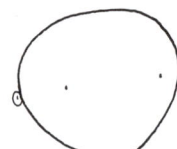

Du von oben bis unten

Ups, hier fehlen die Köpfe.
Kannst du die noch malen?

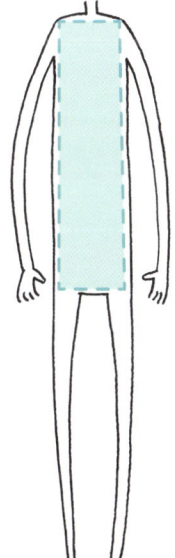

KÖRPER VON HINTEN

So seh ich von hinten aus. Und die anderen Figuren von der vorherigen Seite? Die kannst du wieder dazumalen oder einkleben. Die Vorlagen dazu findest du wieder rechts. →

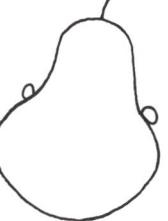

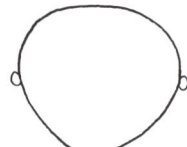

Du von hinten

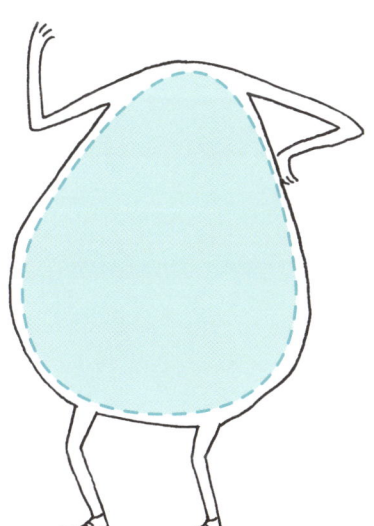

Ups, hier fehlen die Hinterköpfe. Mal du die bitte noch dazu.

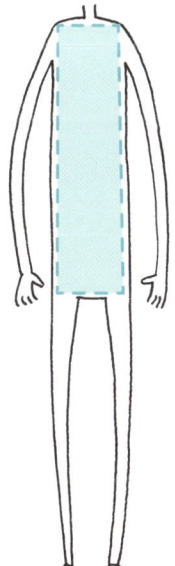

LOTTA IN BEWEGUNG!

Bei mir ist ja immer voll viel los und deshalb steh ich auch selten ganz still rum. Hier ein paar Beispiele, wie ich in Bewegung aussehe. So sieht das aus, wenn ich gehe, hüpfe oder renne:

DAS 1x4 DER TIERE

Ich liiiiebe Tiere! Und Tiere zeichnen finde ich mindestens genauso toll. Dafür braucht es manchmal nur vier Schritte. Hier siehst du, welche:

 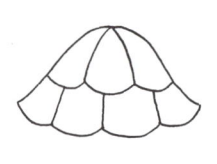  

Hier ist Platz für dich zum Üben:

Schildkröte

Papagei

Schaf

Kaninchen

TIER-ZUHAUSE

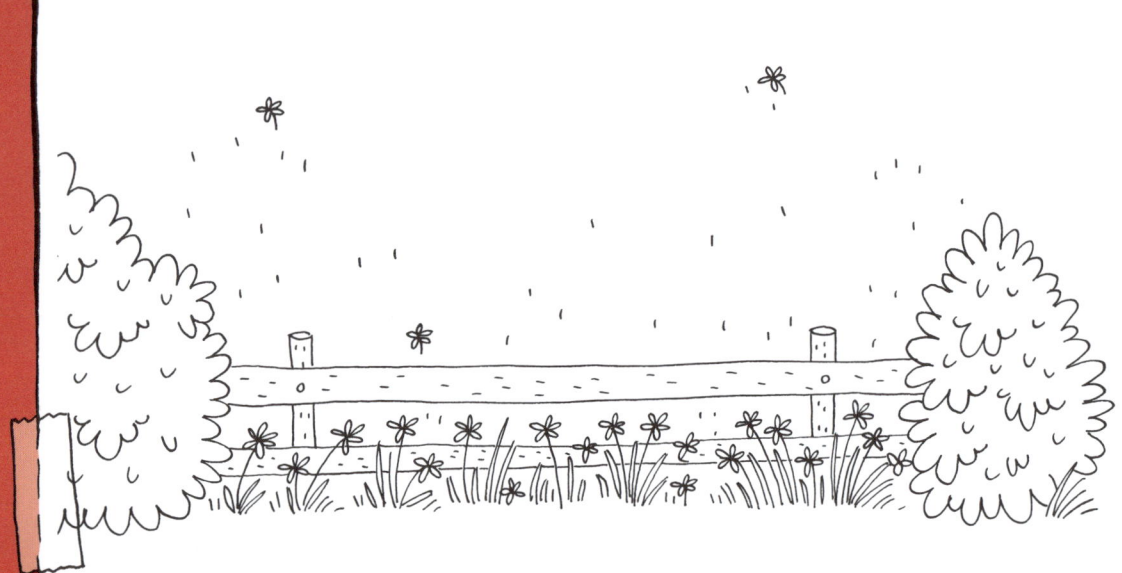

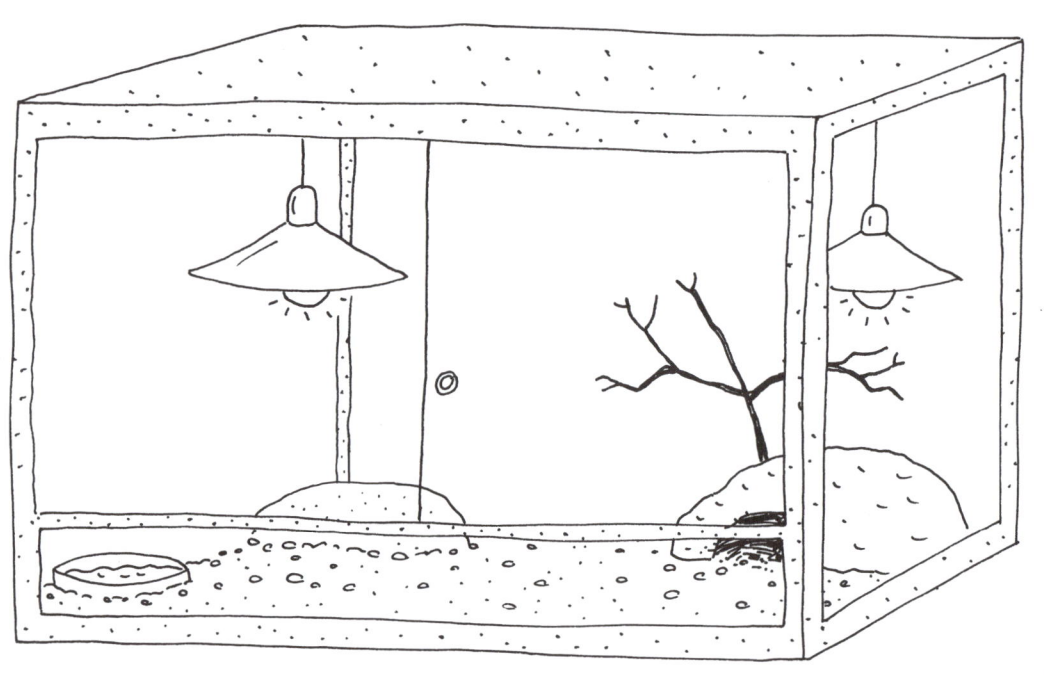

Möchtest du auch so gerne ein eigenes Haustier haben wie ich? Oder hast du sogar eins? Eine Schildkröte, einen Papagei, ein kleines Schaf oder ein Kaninchen? Hier kannst du dein Lieblingstier einziehen lassen. Zeichne ihm doch gleich auch ein bisschen Futter.

DEINE WOLPERTINGER

Der Wolpertinger ist ein bayerisches Fabelwesen, eine Art Mischwesen, zusammengesetzt aus verschiedenen Tieren. Hier kannst du deinen ganz eigenen zeichnen!

Bilderrahmen zum Befüllen und um Muster drumrum zu zeichnen

KRÖTENMUSTER

Verzierungen und Muster

Ich steh ja voll auf Muster und Verzierungen. Die kann man eigentlich immer und überall hinkritzeln, wenn einem grad ein bisschen langweilig ist.

Oder man gestaltet damit einen Brief, Bilderrahmen oder einen ganzen Bauzaun. Auf der nächsten Seite kannst du du erst mal üben und mein Lieblingsmuster weiterkritzeln, wenn du möchtest. Und ich zeige dir, wie du dir deine eigenen Stempel oder eine Schablone bastelst, um damit noch ganz viele andere Dinge zu verzieren. Los geht's!

WERKZEUGE IN DIESEM KAPITEL:

- Stifte (Bleistift, Filzstifte, Feinliner, Buntstifte, ...)
- Pinsel
- Wasserfarben, Acrylfarben
- Stempelkissen
- Schwamm
- Schere
- Messer
- halbe, rohe Kartoffel
- Alleskleber
- Transparentpapier oder dünnes Druckerpapier (80 g)
- kleines Brett oder dicke Pappe

LOTTAS LIEBLINGSMUSTER

Ich hab hier ein Muster angefangen.
Magst du weiterzeichnen?

33

BAUZAUN-URWALD

Cheyenne und die Krähen bemalen den Bauzaun zum Thema **URWALD.** Hilfst du ihnen dabei?

krähkräh

kräh

kräh

kikeriki

MEINE BRIEFMARKENSAMMLUNG

Hier kannst du z.B. die Marken von
deinen australischen Cousinen einkleben:

Manchmal schicke ich meinen australischen Cousinen einen Brief mit der Post. Gut, wenn man da schöne Briefmarken hat ... Willst du auch ein paar entwerfen?

STEMPELWERKSTATT

Mama hat letztes Jahr Weihnachten mit uns Stempel gebastelt. Das hat voll viel Spaß gemacht. Am besten finde ich, dass man die Stempel immer wieder benutzen kann. Bis auf den Kartoffelstempel, der ist nur für gröbere Formen und nur einen Tag lang verwendbar.

Kartoffelstempel (für einfache Formen, z. B. Stern, Herz oder Dreieck, ist nicht lange haltbar):

Du brauchst dazu:

- 1 halbe, rohe Kartoffel
- Messer (scharf)
- Stempelkissen, Acrylfarbe oder Wasserfarbe

1.

2.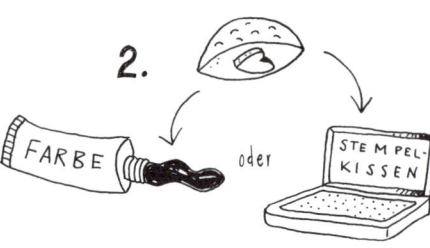

FARBE oder STEMPELKISSEN

Moosgummistempel (für scharfe Linien und schwierigere Formen, z. B. Buchstaben):

Du brauchst dazu:

- 1 Blatt Moosgummi
- Schere
- Alleskleber
- Holzklotz oder dicke Pappe
- Stempelkissen

1.

Achtung: Wird beim Stempeln spiegelverkehrt! Bitte einmal wenden.

2.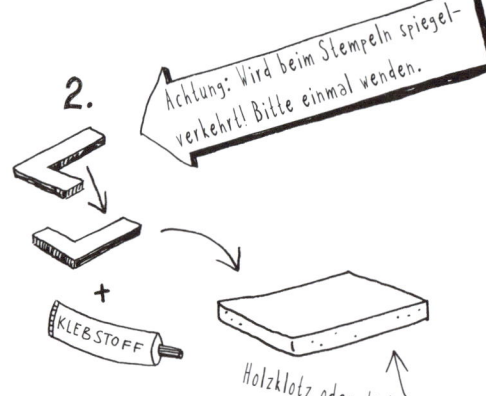

KLEBSTOFF +

Holzklotz oder dicke Pappe

3.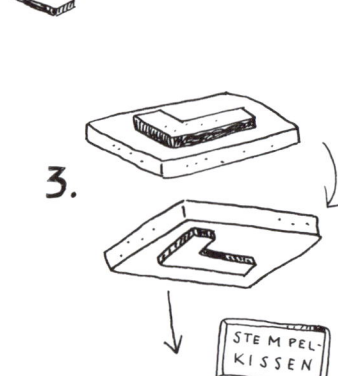

STEMPELKISSEN

SCHABLONENWERKSTATT

Wenn man eine ganz schöne Schrift gestaltet hat, dann will man die ja am liebsten auch häufiger verwenden. Für Karten zum Beispiel. Am leichtesten geht das mit Schablonen. Da kannst du einzelne Buchstaben oder auch ganze Wörter draufzeichnen. Probier's mal aus:

Verwende doch auch mal verschiedene Schriftarten für die Buchstaben, z. B. die hier:

HI! Hi!

Kartonschablone

Du brauchst dazu:

- 1x Karton in Postkartenstärke
- Bleistift
- Schere
- Wasser- oder Acrylfarbe
- Schwamm mit kleinen Poren

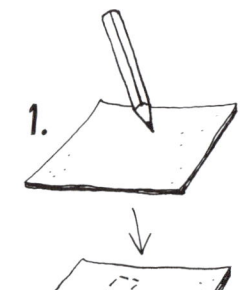

1.

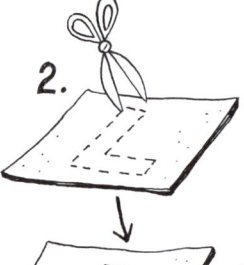

2.

Achtung: Die Farbe darf <u>nicht</u> zu feucht sein!

3.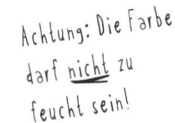

FARBE

4.

Lege die Schablone möglichst <u>flach</u> auf das Papier.

← Muster zum Weitermalen

42

ELCHKÜSSE

Schrift und Text

 Juchhu!

 BÄÄÄH!

Ob es meiner besten Freundin Cheyenne gut oder schlecht geht, das merke ich immer ganz schnell. Aber wusstest du, dass man Gefühle und Stimmungen auch ausdrücken kann, indem man Wörter zeichnet und verziert? Je nachdem, wie du ein Wort gestaltest, kannst du ganz unterschiedliche Wirkungen erzielen!

Wenn ich z. B. zeigen will, dass ich GUTE LAUNE ☺ habe, kann ich meine Wörter ganz fröhlich zeichnen.
Und wenn ich mal ☹ NICHT SO GUT DRAUF bin, male ich eher ein trauriges Wort. Und auch ansonsten kann ich mit Wörtern richtige Bilder malen.
Wie das geht, kannst du auf den nächsten Seiten üben.

 SCHIRM

HUND

WERKZEUGE IN DIESEM KAPITEL:

- Stifte (Bleistift, Filzstifte, Feinliner, Buntstifte ...), Farben
- Schere
- selbst gemachter Leim (☞ Seite 54)
- Tesafilm
- selbstklebende Etiketten
- Transparentpapier oder dünnes Druckerpapier (80 g)

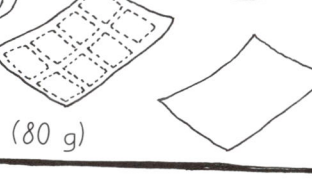

FARBE

WORTBILDER

Keks
Schlange
Wolke
Käse
Knopf
Regen

Was fällt dir dazu für ein **Wortbild** ein?

Buchstaben werden zu einem Bild.

doof

Es gibt meistens mehrere Möglichkeiten, aus einem Wort ein passendes Bild zu machen. Spiel doch mal ein bisschen damit!

44

KAKTUS

Das Wort ist aus dem Begriff gemacht. ↗

Der Begriff selbst wird im Wort eingebaut. ↓

SONNE

FÜHLWÖRTER

Schreib diese Worte in passender Spezialschrift!

schön

traurig

schrecklich

stinkig   froh   lecker   eklig   niedlich

JUCHHU! Äh, ich meine: Juchhu!
Schon komisch, wenn Wort und
Schrift nicht zusammenpassen.
Findest du nicht auch?

IGITT!

TOLL!

IGITT!

TOLL!

47

STIMMUNGSSCHRIFTEN

Mit verschiedenen Schriften kann man sogar zeigen, wie eine Person so drauf ist. Zum Beispiel, ob meine **BlödbrüDer** gerade ausnahmsweise mal NETT oder wie immer — **blöd!** — sind.

Brüder in **blöd**

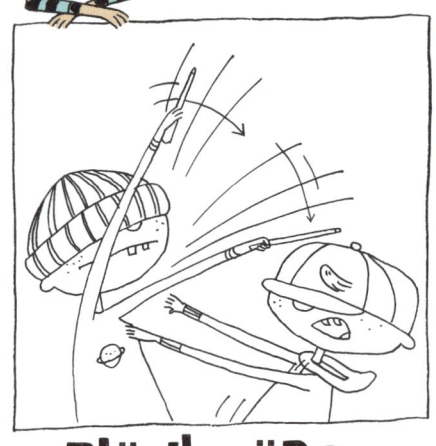

BlödbrüDer

Brüder in NETT

BLÖDBRÜDER

meine Eltern in *elegant*

meine Eltern in GRUSELIG

meine(r) beste(r) Freund/in in **COOL**

meine(e) beste(r) Freund/in in **SCHAURIG**

meine(e) Bruder/Schwester in **nervig**

meine(e) Bruder/Schwester in **SÜß**

meine(e) Lehrer/in in **lustig**

meine(e) Lehrer/in in **streng**

49

UNSER BANDENLOGO

Falls du keine Bande hast, erfinde einfach ein Logo mit deinem Namen oder Spitznamen.

Jede Bande braucht ein eigenes Bandenlogo, na klar. Wenn ein Tier in eurem Bandennamen vorkommt, sollte das auch im Logo zu sehen sein. Auch die verwendete Schrift muss natürlich zur Bande passen. So sehen unsere aus.

SPEZIALETIKETTEN

Dabur Pudin Hara Lemon Fizz
Schnelle Hilfe bei
Sodbrennen und Blähungen

Pan Parag
Gaumenreiniger
und Atemerfrischer

Bepperls Bayerische **BIO**-Knödel

Kanelbullar
Schwedische Zimtschnecken

Annas Pepparkakshus
Pfefferkuchenhaus

Sat-Isabgol-Flohsamenschalen
Gegen Verstopfung und Durchfall

Punjabi Tinda
in Salzwasser
Babykürbisse
aus Indien

Dabur Vatika
Kokosnuss-Haaröl

Mama kauft ja immer diese **KOMISCHEN** Sachen beim Inder oder im **BIO**-Markt und überhaupt überall. Die sehen häufig ganz merkwürdig von außen aus. Magst du für die hier mal passende und lustige Etiketten entwerfen?

53

AUFKLEBER BASTELN

Cheyenne, Paul, Rémi und ich haben neulich Sticker für unser Bandenlogo gebastelt. Das geht total leicht und ist echt nützlich. Schau mal, so geht's:

Mit selbstklebenden Etiketten (aus dem Schreibwarenhandel)

Du brauchst dazu:

- selbstklebende Etiketten
- Filzstifte, Stempel ...
- Schere (falls du eine andere Form möchtest als die vorgestanzte)

Mit normalem Papier

(und selbst gemachtem Leim zum Anfeuchten)

Du brauchst dazu:

- Papier
- selbst gemachter Leim (siehe rechts)
- Filzstifte, Stempel ...
- Schere

Natürlich kannst du deine Zeichnungen auch einscannen und dann ausdrucken. Dann musst du deinen Lieblingsaufkleber nicht jedes Mal neu malen.

Selbst gemachter Leim:

- 1 Päckchen Gelatine (7 g)
- 1 kleine Schüssel
- 1 EL kaltes Wasser
- 3 EL heißes Wasser
- 1/2 TL Zucker
- Pinsel

1. Gelatine in mit 1 EL kaltem Wasser in der kleinen Schüssel verrühren. Fünf Minuten einweichen lassen.

2. Dann das heiße Wasser hineinrühren, bis sich die Gelatine aufgelöst hat. Jetzt rührst du den Zucker dazu.

3. Die Rückseite von deinem Papier dick damit bestreichen (mit dem Pinsel) und trocknen lassen.

4. Damit das Papier wieder schön glatt wird, presst du es in einem dicken Buch. Dann das Motiv ausschneiden.

5. Zum Aufkleben anfeuchten (Zunge oder feuchtes Schwämmchen).

TIPP

So machst du deinen Aufkleber wetterfest:

Nach dem Trocknen (und Pressen) überklebst du ihn mit breitem Tesa.

URKUNDENVERLEIHUNG

Weil ich in Sport ja nicht so gut bin, dass ich jemals was gewinne, mach ich mir meine Urkunden jetzt selbst. Dazu hab ich ein paar Schriften zum Abpausen oder -malen gesammelt und auch meine Lieblingsrandverzierungen. 😊 Natürlich kannst du dir auch eine Urkunde für deine allerallerbeste Freundin ausdenken.

meine Lieblingsrandverzierungen

URKUNDE
mit einem Stempel

Urkunde
mit Wasserfarben und Pinsel

URKUNDE
mit Filzstift

URKUNDE

mit weicher Tuschefeder oder Füller

Urkunde

Die Linien werden dicker, wenn du mehr aufdrückst beim Schreiben.

1.PLATZ IM

FÜR

1.PLATZ IM

FÜR

← Muster zum Weitermalen

KÄNGURUSPRÜNGE

Klamotten und Verkleidungen

Meine Oma Ingrid sagt immer: „Kleider machen Leute."
Ich glaub, das soll heißen, dass Leute ganz unterschiedlich
aussehen können und auch wirken, je nachdem welche
Klamotten sie so anhaben. Das gilt natürlich für
jede Art der Verkleidung — auch für Perücken,
Schminke  oder Buttons.

Manchmal sieht man ganz schön schick aus und manchmal
doch eher komisch oder GRUSELIG. Ich bin schon total gespannt
darauf, wie wir am Ende so aussehen werden!

WERKZEUGE IN DIESEM KAPITEL:

- Stifte (Bleistift, Filzstifte, Feinliner, Buntstifte ...)
- Pinsel
- Wasserfarben, Acrylfarben
- Stempel (am besten die selbst gemachten)
- Schere
- Alleskleber
- Heißkleber
- Tesafilm
- Sicherheitsnadeln
- Kronkorken
- Transparentpapier oder dünnes Druckerpapier (80 g)
- Pappe

Cheyennes Design-Vorschläge:

 STAR

 LOVE

 COOL

 SMILE

Mode finde ich voll cool! Vor allem liiiiebe ich T-Shirts mit Sprüchen und süßen Tieren und so drauf. Hier kannst du auch ein paar Designs entwerfen. Und vielleicht werden die so toll, dass du sie mit Stoffmalfarbe und wasserfestem Stift auf ein richtiges T-Shirt malst.

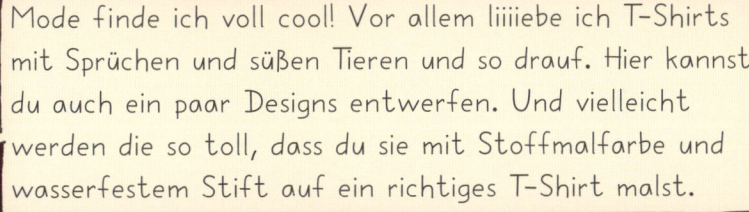

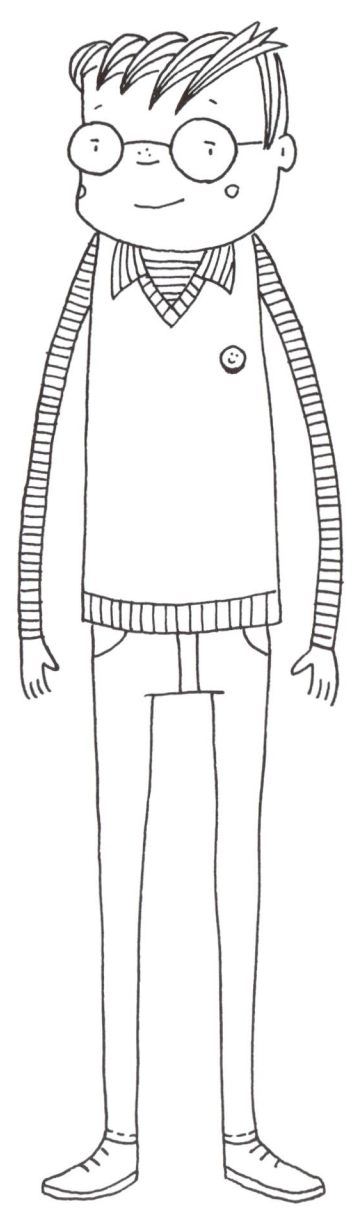

AUF GEHEIMER MISSION

Auf der nächsten Seite findest du Schablonen für unsere Tarnklamotten.

DIE WILDEN KANINCHEN

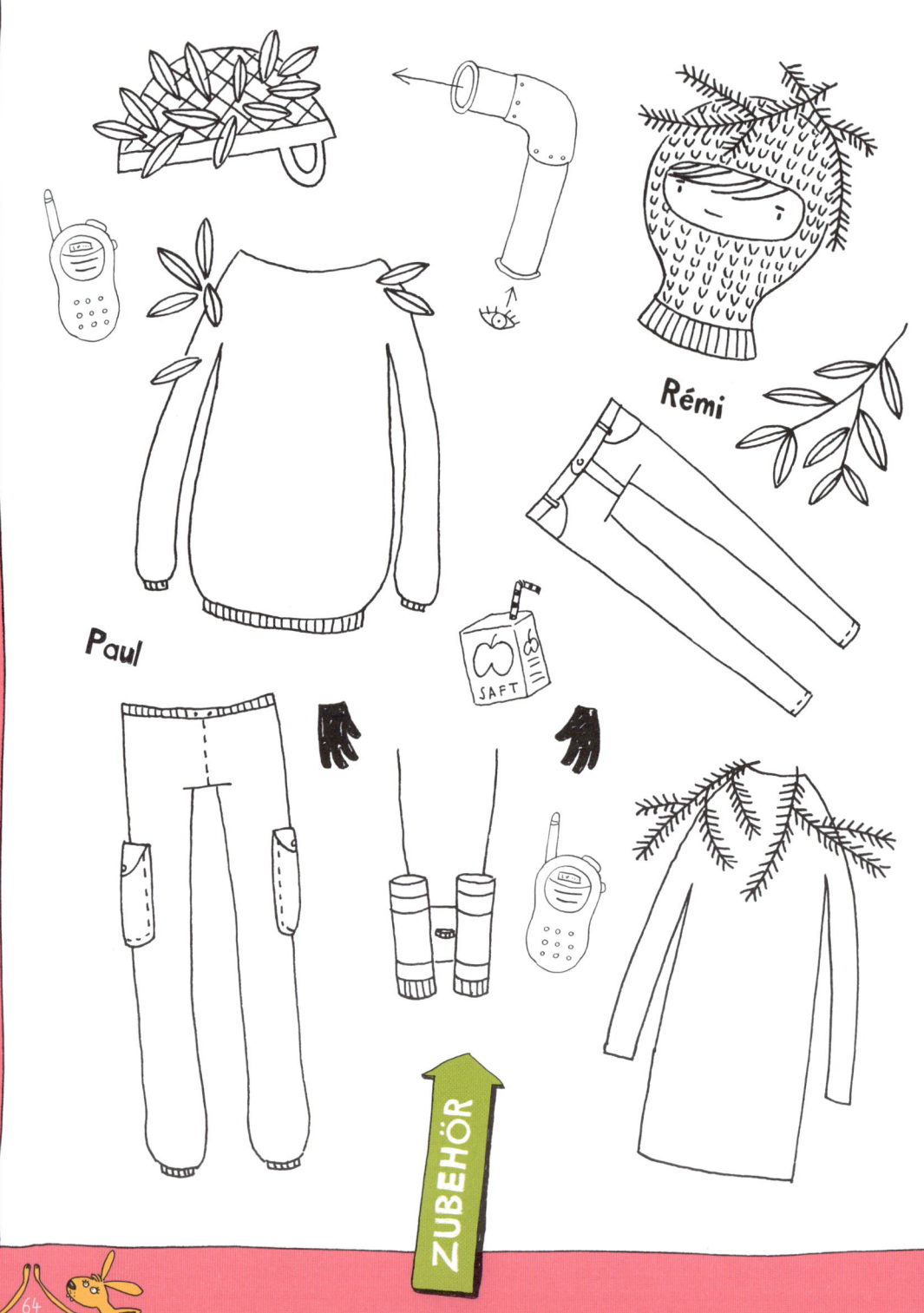

Paul

Rémi

ZUBEHÖR

AUF GEHEIMER MISSION

Lotta

Cheyenne

SNICKERS

Weil man ja nicht durchsichtig auf geheime Mission gehen kann, sind hier ein paar Schablonen für unsere Tarnklamotten, in denen wir die Lämmer-Girls aus- spionieren. Paus sie durch und zeichne alles dazu, was dir so einfällt. Da fehlen nämlich noch jede Menge Farben, Tarnmuster, Reißverschlüsse, Knöpfe, Taschen.

65

DIE ROCKER

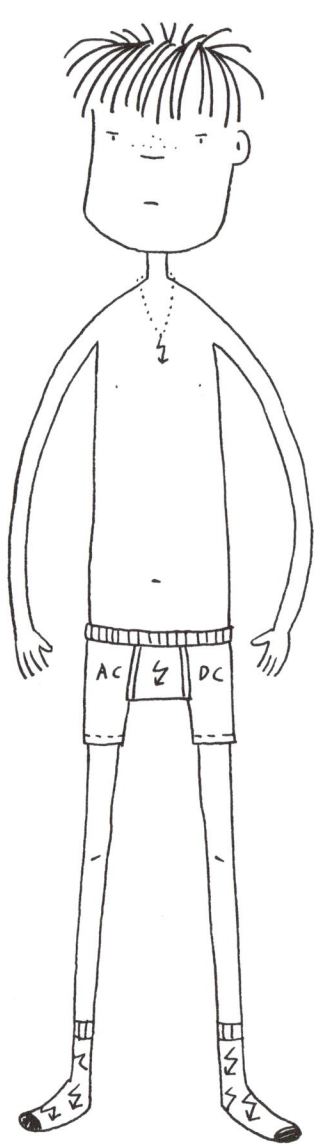

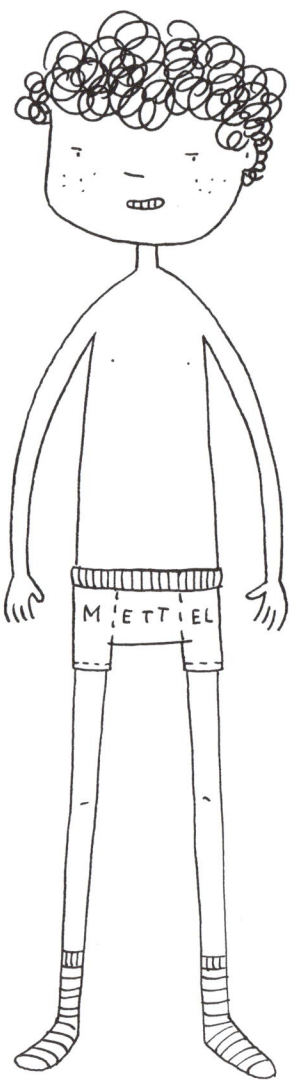

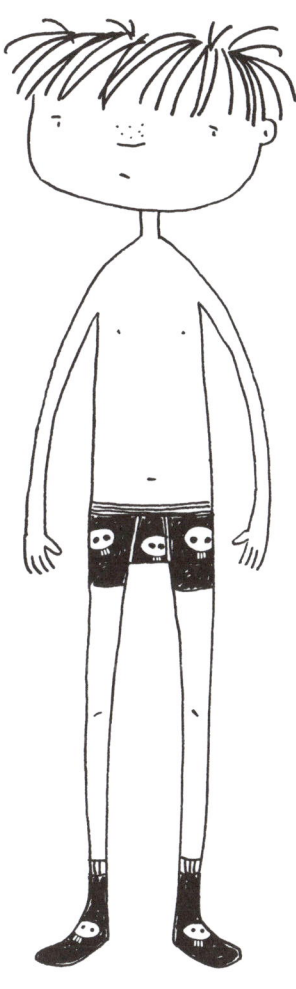

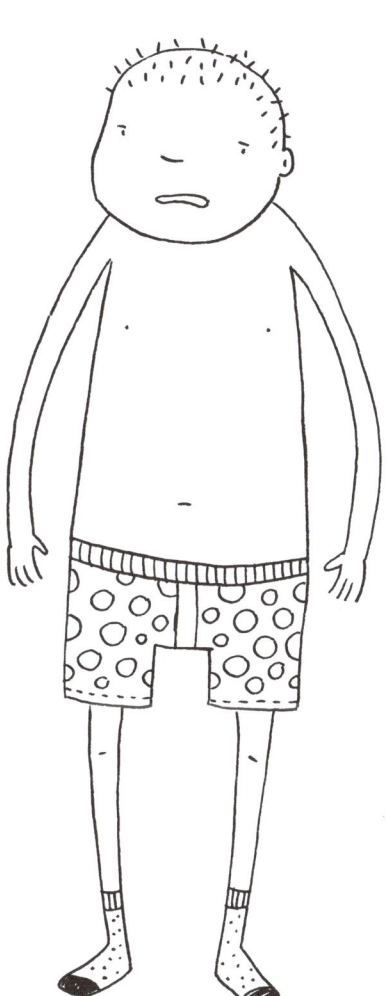

Auf der nächsten Seite findest du Schablonen für die Klamotten.

DIE ROCKER

ZUBEHÖR

AC⚡DC

AC⚡DC

AC⚡DC

AC · DC

Maurice

Finn

VOLL AM ABROCKEN

Timo

Benni

Hier sind Schablonen für die coolen **Rocker-Klamotten**. Paus sie durch und zeichne alles dazu, was dir so einfällt. Da fehlen nämlich noch jede Menge Farben, Muster, Reißverschlüsse, Nieten, Totenköpfe, Tattoos, Schriften, Taschen usw.

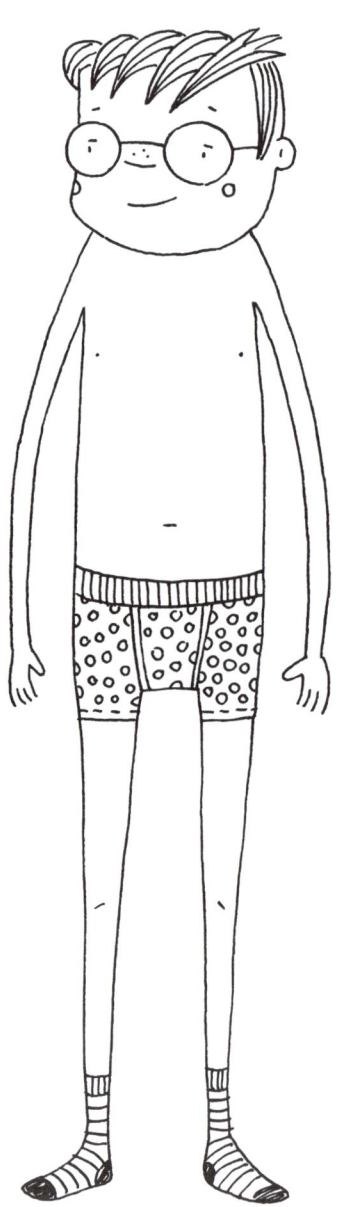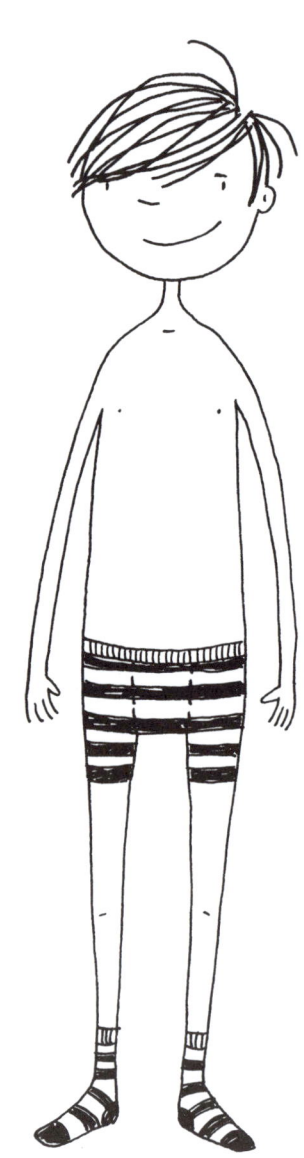

Hups! Wo sind denn unsere Klamotten?

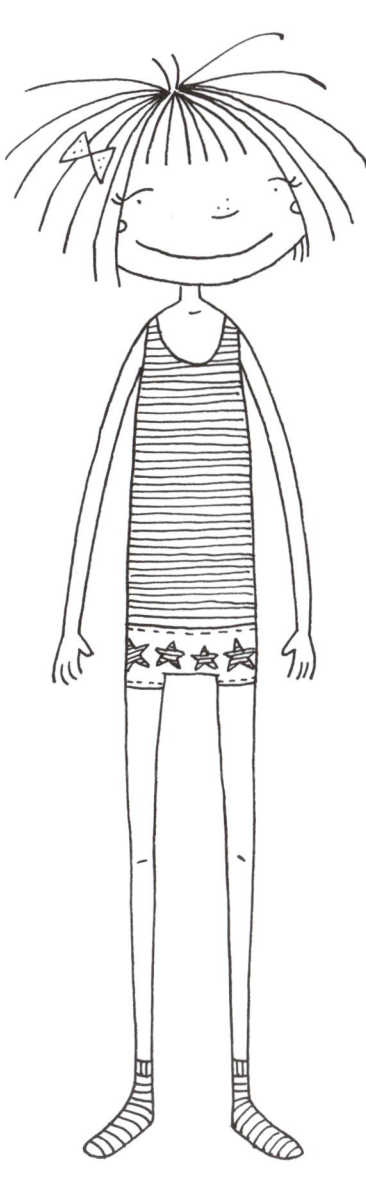

Blätter lieber schnell weiter ...

HAPPY HALLOWEEN

ZUBEHÖR

Rémi

Paul

Lotta

Cheyenne

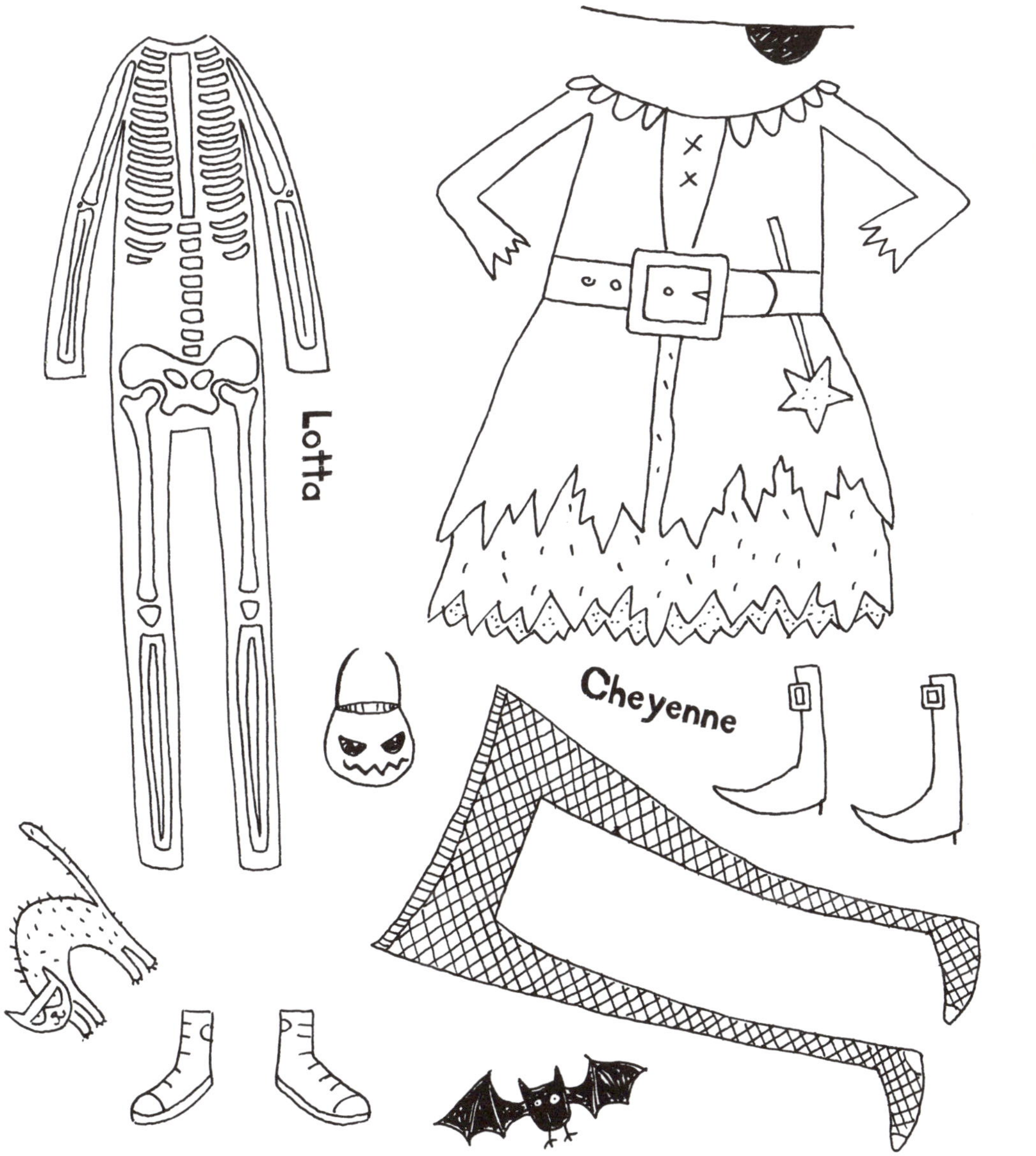

Kannst du uns beim Verkleiden helfen? Hier sind Schablonen für unsere Halloween-Kostüme. Paus sie durch und zeichne alles dazu, was dir so einfällt. Da fehlen nämlich noch jede Menge Farben, Muster, **SCHAURIGE DETAILS** und Löcher. Vergiss bitte nicht, uns auch zombiemäßig zu schminken, ja? Danke!

Was ist denn mit denen los?
Die sehen ja noch komischer
aus als sonst ...

74

Blätter lieber schnell mal weiter ...

ZUBEHÖR

Liv-Grete

Emma

Berenike

Hannah

Kannst du den Lämmer-Girls helfen? Hier sind Schablonen für die Outfits, die sie zu ihrer blöden Modenschau tragen wollen. Paus sie durch, gestalte sie und zeichne alles dazu, was dir so einfällt. Da fehlen nämlich noch jede Menge Farben, Muster, Reißverschlüsse, Knöpfe, Schmuck, Taschen und anderer Tüdelkram. Und vergiss bloß das Hairstyling nicht!

gähn

PAULS STIMMUNGSBUTTONS

Dieser kleine Button hier ist mein ständiger Begleiter und zeigt allen, wie es mir gerade geht. Hier erfahrt ihr, wie man die ganz einfach selber macht. Ihr könnt natürlich alles, was euch gefällt, auf die Buttons malen, stempeln oder schreiben.

Aus Pappe

Du brauchst dazu:

- 1 Bogen feste Pappe
- Schere
- Alleskleber
- Stifte, Stempel ...
- Sicherheitsnadel
- Tesafilm

Originalvorlage (die kannst du dir auch kopieren, um sie öfter verwenden zu können)

1.

2.

3.

4.  umdrehen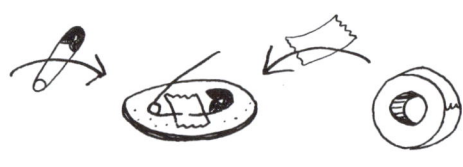

Aus Kronkorken

Du brauchst dazu:

- Kronkorken (möglichst wenig verbeulte)
- Schere
- Alleskleber
- Stifte, Stempel ...
- Sicherheitsnadeln (20-27 mm Länge)
- Heißklebepistole

1.

3.

2.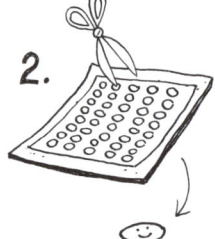

umdrehen

4.

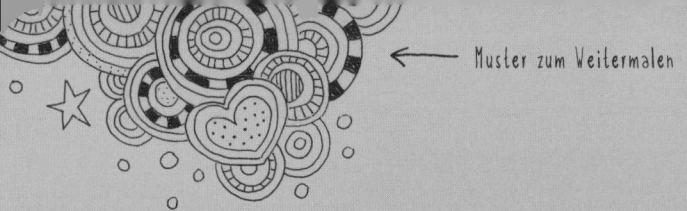
Muster zum Weitermalen

80

LAMASPUREN

Pläne und Karten

Hast du auch ein paar Cousins und Cousinen oder Freunde, die nicht bei euch im Ort wohnen? Und wolltest du denen auch schon immer mal zeigen, wie bei dir alles so aussieht? Dann zeichne doch am besten mal einen kleinen Plan.

Je nachdem, was du zeigen willst, kann man einen Ort entweder von oben oder von vorne zeichnen.

Guck mal, so:

Blick von vorn beschreibt, wie das Haus von vorn aussieht, so wie wir es normal sehen

Blick von oben →

beschreibt Start, Weg und Ziel, so bekommt man einen besseren Überblick.

WERKZEUGE IN DIESEM KAPITEL:

- Stifte (Bleistift, Filzstifte, Feinliner, Buntstifte ...)
- Pinsel
- Wasserfarben, Acrylfarben

MEINE KARTEN

So was ist für geheime Banden-aktivitäten und Anschleich-übungen immer sehr nützlich!

hier wohnt

Berenike

Baumhaus

Pauls Haus

Mein Schulweg

So komm ich von .... **zu** ....

MEIN ZIMMER VON OBEN

Mann, wär das cool, wenn ich ein eigenes Zimmer hätte und es nicht mit meiner Schwester Chanell teilen müsste. Bei der piept es nämlich manchmal ganz schön. Was soll's, ich hab's dir mal aufgemalt. Wie sieht deins denn aus?

85

UNSER HAUS

Meistens mag ich unser Haus echt gerne — vor allem mein Zimmer. Nur wenn meine **BlödbrüDer** rumlärmen, ist es manchmal ungemütlich. 😝 Oder wenn Mama indisch kocht. Dann stinkt's nämlich ein bisschen. Aber sonst ist unser Haus echt prima. Guck mal:

mein Zimmer

Eine Wohnung zeichnest du am besten von oben, sodass man alle Zimmer sehen kann.

TIPP

Träumst du auch manchmal davon, in einem Schloss oder in einem Baumhaus zu wohnen? Und hast du auch schon eine Idee, wie du dein neues Zuhause dann einrichten würdest? Zeig doch mal.

Hier siehst du, wie so eine Bildergeschichte aussehen könnte: Fast wie der Film, den Cheyenne und ich mal gedreht haben — mit Barni, Füschi, Lumpi und Heesters als Krötzilla.

WURMLÖCHER

Comics und Bildergeschichten

Liiiebst du Comics auch so wie ich? Ich find die toll, weil man mit Bildern eine Geschichte erzählen kann, ein bisschen wie im Film. Wie das geht? Hier ein paar **TIPPS**

● Zuerst solltest du wissen, **was** du zeichnen willst. ☺ Am besten schreibst du hierfür deine Geschichte kurz in **Stichworten** auf.

● Dann überleg dir, wie du die **Bilder aufteilen** möchtest. Große Bilder benutzt du am besten, um einen Überblick über das Geschehen zu geben (wie z.B. bei einer Einleitung) und die kleineren für Nahaufnahmen. Mach doch erst mal eine **grobe Skizze** auf einen Block und überleg dir: **Wie viele Bilder** brauchst du, **was passiert** in jedem Bild und welches soll **wie groß** werden?

● Dann kann's losgehen. Am besten zeichnest du deine fertige Geschichte **zuerst mit Bleistift vor** und wenn alles so ist, wie du es haben willst, kannst du die Bilder z.B. mit **Feinliner nachzeichnen** und alles **bunt ausmalen.**

WERKZEUGE IN DIESEM KAPITEL:

- Bleistift, Radierer zum Vorzeichnen
- Block (für deine Skizze, Ideensammlung, Figurenentwürfe, Bildaufteilung ...)
- Filzstifte, Feinliner, Buntstifte ...

MEIN COMIC MIT ANFANGS- UND SCHLUSSSZENE

Guck mal, ich hab hier schon mal mit einem kleinen Comic angefangen. Da waren Rémi und ich in Pauls Baumhaus und am Anfang war mir ganz kodderig, aber dann wurde es doch noch ein toller Tag. Zeichne doch mal, was dazwischen passiert sein könnte, und gib der Geschichte einen Namen.

Name der Geschichte →

Heute haben sich die WILDEN KANINCHEN mal wieder in Pauls Baumhaus verabredet. Rémi und ich waren zuerst da.

Auf diesem Platz kannst du deine Bilder so aufteilen, wie du möchtest.

Och, danke! Darüber freue ich mich total!

MEIN COMIC MIT SCHLUSSSZENE

OH, OH! Da scheint ja irgendwas mächtig schiefgegangen zu sein. Warum ist Frau Segebrecht nur so **sauer** auf Cheyenne und mich? Zeichne doch mal, was vorher so passiert ist. Fällt dir auch ein Titel für die Geschichte ein?

Name der Geschichte →

 Auf diesem Platz kannst du deine Bilder so aufteilen, wie du möchtest.

MEIN COMIC MIT ANFANGSSZENE

Blockflötenalarm! Was meinst du, passiert wohl, nachdem ich den Affen entdeckt habe? Und welchen Titel würdest du der Geschichte geben? Ich bin gespannt!

Name der Geschichte →

Hmpf, der Affe ist ja ganz schön langweilig. Ob ich den mit meiner indischen Blockflöte **beschwören** kann?

Neulich im Zoo beim Affengehege ...

Auf diesem Platz kannst du deine Bilder so aufteilen, wie du möchtest.

Auf diesem Platz kannst du deine Bilder so aufteilen, wie du möchtest.

MEIN COMIC ZUR GESCHICHTE

Kannst du diese Geschichte zeichnen? Paul hat Geburtstag. Cheyenne und ich haben uns was Schönes für ihn ausgedacht: Wir schenken ihm ein echtes **Fossilien-Ausgrabe-Set!** Paul ist gespannt, was er ausgräbt: den Zahn eines ausgestorbenen Riesenhais? Einen Ammoniten? Cheyenne und ich sehen ihm aufgeregt beim Ausgraben zu. Doch leider kommt ein Glitzer-Armband zum Vorschein, das nur Cheyenne toll findet.

Name der Geschichte →

PAULS GEBURTSTAGSGESCHENK

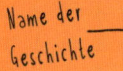
98

Auf diesem Platz kannst du deine Bilder so aufteilen, wie du möchtest.

MEIN COMIC ZUR ÜBERSCHRIFT

Ups! Hier ist ja die ganze Geschichte verschwunden. Nur die Überschrift steht noch da. Wie war das noch gleich mit Heesters, unserer Schildkröte, als sie damals zu uns kam ... Fällt dir was ein?

Name der Geschichte →

HEESTERS  — gerettet aus der WILDNIS!

Auf diesem Platz kannst du deine Bilder so aufteilen, wie du möchtest.

Auf diesem Platz kannst du deine Bilder so aufteilen, wie du möchtest.

← Muster zum Weitermalen

KATZENTHEATER

Spiele und Kritzelgeschichten

Am allermeisten Spaß am Kritzeln und Zeichnen macht mir ja, dass man damit richtige Geschichten erzählen kann. Und dass man alles erfinden kann, was man so haben möchte:

← tolle Geschenke,

spannende Abenteuer,

lustige Monster

oder leckeres Essen.

Beim Kritzeln ist alles erlaubt.

TIPP Denk dich einfach ganz fest in eine Situation, einen Moment oder eine Geschichte hinein und kritzel alles, was dir so einfällt. Je mehr Details du zeichnest, desto kunterbunter wird alles.
Ich wünsch dir damit GANZ VIEL SPASS!

WERKZEUGE IN DIESEM KAPITEL:

- Stifte (Bleistift, Filzstifte, Feinliner, Buntstifte ...)
- Pinsel
- Wasserfarben, Acrylfarben

Mein gaaanz normaler Tag

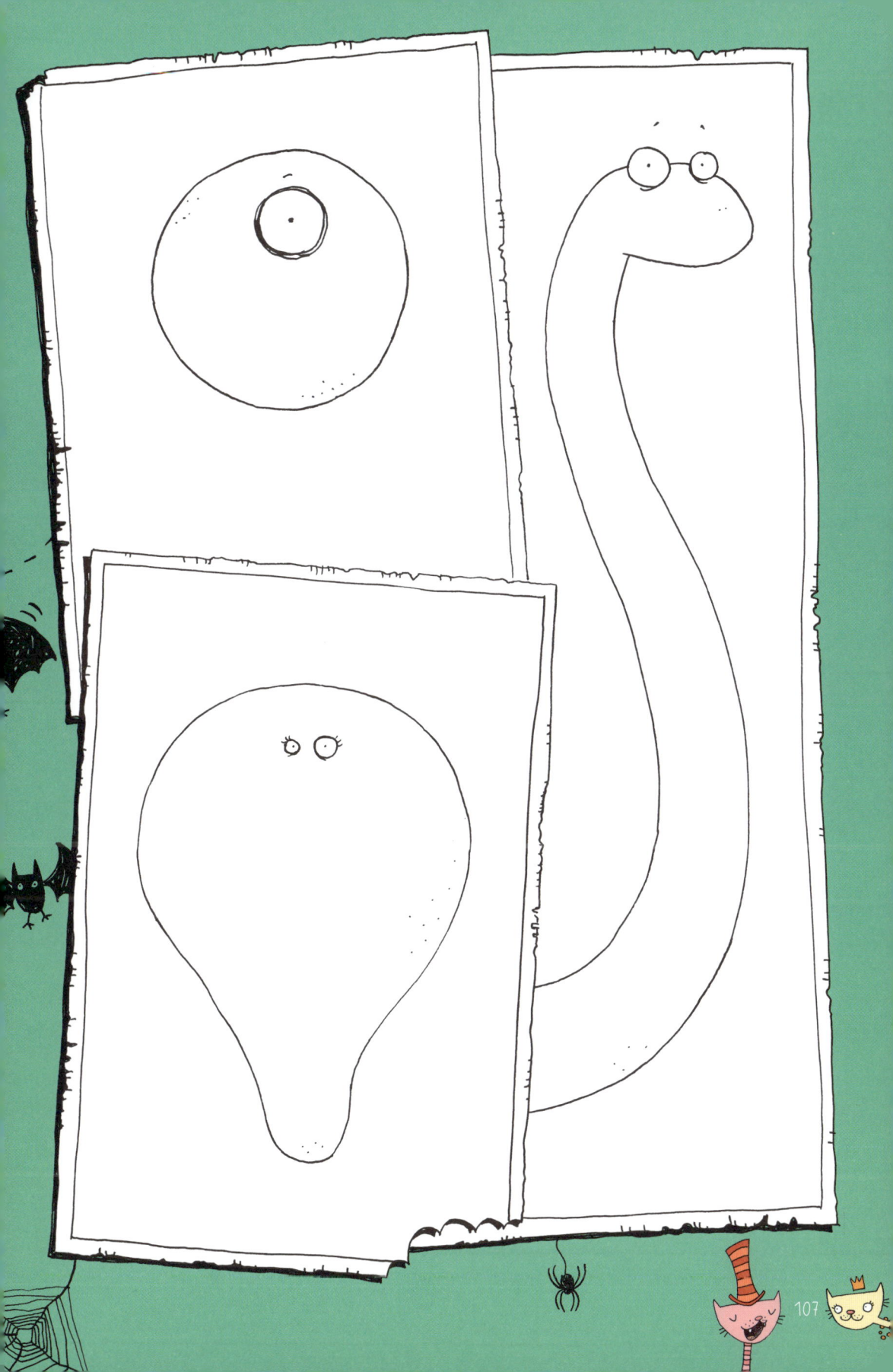

107

Heute Nacht im Zelt ...

Hier schleichen irgendwelche Monster ums Zelt, glaub ich.

FLÖTENKONZERT

vorher

Ob ich die alle **beschwören** kann?
Hilfst du mir und zeichnest die
beschwörten Tiere schon mal auf
die andere Seite?

Konditorei

Ketelhuhn

Was hat Rocco denn jetzt wieder angestellt?

WAAAH! Guck mal, Rocco hat die ganze Auslage der Konditorei Ketelhuhn verwüstet.

113

GESCHENKE zum Verlieben

Och nee, was da wohl wieder drin ist.
Bestimmt wieder irgendwas Schreckli-
ches mit Herzchen. Zeichne doch bitte
ein paar schöne Geschenke für mich.

UNTERM BOOT

Ups, ich glaub da lauert was ...

PAULS KEKSBACKMASCHINE

MEHL ZUCKER NÜSSE

Damit gewinn ich den Technikwettbewerb!

CHEYENNES TRAUMBÜFETT

Boah! Das ist ja alles so was von oberlecker! Kannst du die leeren Platten, Schüsseln, Gläser und Teller bitte wieder auffüllen? Ich brauch dringend noch mal Nachschlag.

LUSTIGE VERWANDLUNGEN

Wenn ich in meine **indische** Blockflöte puste, kann ja alles Mögliche passieren. In was könnten sich die Tiere und Gegenstände unten verwandeln? Und vergiss nicht, auch die Zwischenschritte mitzuzeichnen.

ch weiter.

123

LOTTAS TRAUM

schnarch

CHEYENNES TRAUM

chchihihich

RÉMIS TRAUM

ROCCOS TRAUM

FRAU KACKERTS HOBBYS

Mundharmonikaspielen

Zauberbesen-Flugstunden

Zaubertrank-Brauen

Karate

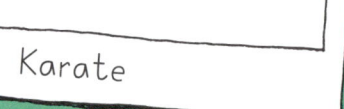

Mini-Ping-Pong

Voodoo-Puppen-Bastelkurs

Insekten-Kochkurs

Vampir-Gebiss-Töpferkurs

Kaum zu glauben, aber unsere Lehrerin Frau Kackert hat sogar noch komischere Hobbys, als **streng** über ihre Brille zu gucken. Kannst du ihre Hobbys zeichnen?

Juchhu!

JAHRMARKT

Voll cool! Wir haben echt 100 Euro beim Malwettbewerb gewonnen. Damit werden wir uns jetzt alles Mögliche hier auf dem **JAHRMARKT** kaufen.

Juchhu! Wir feiern 'ne Party. Du und deine Freunde seid auch eingeladen. Mal alle Gäste und dekorier noch ein bisschen.

~~Mein~~ Dein Lotta-Leben. Kritzelbuch ist Teil der Mein-Lotta-Leben-Reihe
von Alice Pantermüller/Daniela Kohl, erschienen im Arena Verlag.

Weitere Titel der Reihe:

www.mein-lotta-leben.de

FSC

MIX
Papier | Fördert
gute Waldnutzung
FSC® C020056

www.fsc.org

7. Auflage 2025
© 2023 Arena Verlag GmbH
Rottendorfer Straße 16, 97074 Würzburg
Alle Rechte vorbehalten
Einband, Gestaltung und Illustrationen: Daniela Kohl
ISBN 978-3-401-60309-4

Besuche den Arena Verlag im Netz:
www.arena-verlag.de

Alice Pantermüller / Daniela Kohl
Mein Lotta-Leben

Alles voller Kaninchen
(Bd. 1)
ISBN 978-3-401-06739-1

Wie belämmert ist
das denn? (Bd. 2)
ISBN 978-3-401-06771-1

Hier steckt der Wurm
drin! (Bd. 3)
ISBN 978-3-401-06814-5

Daher weht der Hase!
(Bd. 4)
ISBN 978-3-401-06833-6

Ich glaub, meine Kröte
pfeift! (Bd. 5)
ISBN 978-3-401-06961-6

Den Letzten knutschen
die Elche! (Bd. 6)
ISBN 978-3-401-06965-4

Und täglich grüßt
der Camembär (Bd. 7)
ISBN 978-3-401-60038-3

Kein Drama
ohne Lama (Bd. 8)
ISBN 978-3-401-60039-0

Das reinste
Katzentheater (Bd. 9)
ISBN 978-3-401-60063-5

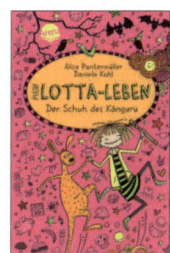

Der Schuh des Känguru
(Bd. 10)
ISBN 978-3-401-60064-2

Volle Kanne Koala
(Bd. 11)
ISBN 978-3-401-60136-6

Eine Natter macht die
Flatter (Bd. 12)
ISBN 978-3-401-60137-3

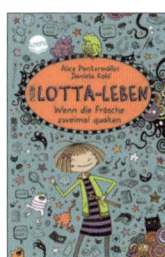

Wenn die Frösche
zweimal quaken (Bd. 13)
ISBN 978-3-401-60332-2

Da lachen ja die Hunde!
(Bd. 14)
ISBN 978-3-401-60333-9

Wer den Wal hat (Bd. 15)
ISBN 978-3-401-60334-6

Das letzte Eichhorn
(Bd. 16)
ISBN 978-3-401-60496-1

Je Otter, desto Flotter
(Bd. 17)
ISBN 978-3-401-60504-3

Im Zeichen des Tapirs
(Bd. 18)
ISBN 978-3-401-60505-0

Hier geht's zur Fansite:

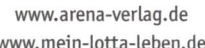

www.arena-verlag.de
www.mein-lotta-leben.de

Alice Pantermüller / Daniela Kohl

Die außergewöhnlichen Fälle der Florentine Blix

978-3-401-60578-4

Tatort der Kuscheltiere (Bd. 1)

Der Tag, an dem Bo in Florentines Klasse kommt, ist dunkelrot. Am selben Tag verschwinden auch Florentines ausrangierte Kuscheltiere. Und auch wenn das eine erstmal nichts mit dem anderen zu tun hat, ist dieser 31. August doch der Anfang eines ganz und gar außerge- wöhnlichen Kriminalfalls. Denn Bo hat einen verschwundenen Cousin namens Jesper. Als der nachts in Florentines Zimmer auftaucht und sie bittet Bo zu helfen, ist ihr Ermittlerinstinkt geweckt. Mehr denn je ist Florentine auf die Hilfe ihrer besten Freundin Maja angewiesen. Denn die kennt sich viel besser mit Menschen aus als Florentine.

978-3-401-60579-1

Geheimakte Flaschenpost (Bd. 2)

Am Fördegymnasium wird eine Segel-AG angeboten. Bo ist begeistert und selbst Maja will teilnehmen – doch Florentine Blix hat weder Lust, noch Zeit. Denn am Strand wurde eine Flaschenpost angespült. Es scheint um einen Raub zu gehen, einen Schatz auf einer Schatzinsel! Sogar ein Plan ist dabei und er führt genau auf eine der beiden Inseln, auf der die Segel-AG ihr Ausflugswochenende plant. Etwas unterbe- geistert schließt sich Florentine der Gruppe an. Eine echte Kommissarin muss schließlich Opfer für ihre Fälle bringen.

978-3-401-60748-1

Die Rache des Seesterns (Bd. 3)

Ich heiße Florentine Blix, bin 13 Jahre alt und werde nach der Schule zur Kriminalpolizei gehen. Doch schon jetzt löse ich erfolgreich Krimi- nalfälle. Dabei helfen mir meine Freunde Maja und Bo, die sich einfach viel besser mit Menschen auskennen als ich. Wie verhört man zum Beispiel Personen, denen eine Stolperfalle gestellt oder Wäsche auf der Leine angezündet wurde? Oder ehemalige Mobbingopfer? Schnell ist mir klar, dass wir einer großen Verbrechensserie auf der Spur sind. Denn der Täter hinterlässt immer ein bestimmtes Zeichen am Tatort. Irgendjemand will sich rächen, so viel ist klar. Aber wer – und an wem?

Die beiden Postkarten darfst du noch verschönern (z. B. mit Mustern, Sprechblasen, Häusern oder Landschaften) und eine tolle Schrift draufmalen (z. B. mit Glückwünschen). Dann einfach ausschneiden und verschicken.

MEIN LOTTA-LEBEN

···
···
···
···
···

MEIN LOTTA-LEBEN

···
···
···
···
···